E
F
G
L
N
M
O
T
S
Y
U
X
Z

Liebe Mütter, liebe Väter, liebe Omas,
liebe Opas, liebe Tanten, liebe Onkel,
liebe Lehrerinnen und Lehrer!

Kinder, die zu lesen beginnen, greifen gerne zu Büchern. Sie entdecken, dass Wörter Geschichten ergeben, und wollen selbst lesen.

Die Ich-lese-selbst-Bücher aus der G&G-Lesezugreihe unterstützen diese Motivation und Freude durch ihr besonderes Konzept.
Die Bücher sind in vier Kapitel eingeteilt, in denen sich die Textlängen mit den Kapiteln steigern.
Im ersten Kapitel liest das Kind einen einfachen Satz pro Seite, der durch eine große Illustration unterstützt wird.
Im vierten Kapitel liest es schon vier Zeilen mit schwierigeren Wörtern. Dies entspricht dem natürlichen Verhalten eines Erstlesers.
Die Geschichten regen nicht nur durch ihre Inhalte, sondern auch durch ansprechende Illustrationen zum Weiterlesen an.

Am Ende des Buches gibt es „Spiel- und Spaß-Seiten" mit altersgerechten Aufgaben und Fragen, die mehr als nur unterhaltsam sind: Sie zeigen, ob das Buch aufmerksam gelesen und verstanden wurde.

Viel Freude beim Lesen und Unterstützen Ihrer Kinder!

Ihr G&G Verlag
Lesepädagogisches
Lektorat

Besonders möchten wir Sie darauf hinweisen, dass der G&G-Lesezug vom **Österreichischen Buchklub der Jugend** empfohlen wird!

Franz Sales Sklenitzka

Ritter Rudi

Mit Illustrationen von

Julia Gerigk

G&G

Von Franz Sales Sklenitzka im G&G Lesezug weiters erschienen:

„Glück gehabt, kleiner Dino!“, Lesezug 1. Klasse, ISBN 978-3-7074-2065-4

„Ein Dino hebt ab!“, Lesezug 2. Klasse, ISBN 978-3-7074-2426-3

„Konrad haut drauf!“, Lesezug 3. Klasse, ISBN 978-3-7074-2170-5

„Der Monsterjäger“, Lesezug-Profi, ISBN 978-3-7074-2078-4

www.ggverlag.at

www.lesezug.at

ISBN 978-3-7074-2167-5

In der aktuell gültigen Rechtschreibung

2. Auflage 2022

Reihengestaltung und Vor- und Nachsatz: Carola Holland
Illustration: Julia Gerigk
Spiel- und Spaß-Seiten: Mag. Eva Siwy

Gesamtherstellung: Imprint, Ljubljana

Inhalt

Ritter Rudi

Das ist Ritter Rudolf.

Seine Frau nennt ihn Rudi.

Das ist Frau Gertrud.

Ritter Rudi nennt sie Trudi.

Beide wohnen

in einer Ritterburg.

Die Burg hat ein Tor.

Zum Tor gehört eine Brücke.

Unter der Zugbrücke

ist ein tiefer Graben.

Bingo

Ritter Rudi hat ein Schwert.
Er hat einen Helm.

Ein Pferd hat er auch.
Das Pferd heißt Bingo.

Doch wo ist das Pferd?
Wo ist Bingo?

Ist Bingo im Stall?
Nein?

Ist Bingo im Hof?

Nein!

Ist Bingo im Garten?
Nein!

Bingo ist in der Küche.
Er frisst Trudis Karotten.

Dieser Bingo!
So ein Schlingel!

Im Drachenwald

Ritter Rudi holt sein Pferd.
Er holt seinen Helm.
Er holt sein Schwert.

Trudi bringt Rudi eine Wurst.
Gegen den Hunger.
Danke, Trudi!

Ritter Rudi reitet los.
Er reitet in den Wald,
in den Drachenwald!

Der Wald ist tief.
Der Wald ist finster.
Es ist ganz still.

Da raschelt es.
Da bewegt sich was!
Was kann das nur sein?

Ein Drache!

Ein kleiner Drache,

ein kleiner rosaroter Drache!

Ritter Rudi zieht sein Schwert.
Er holt aus!
Er schlägt zu.

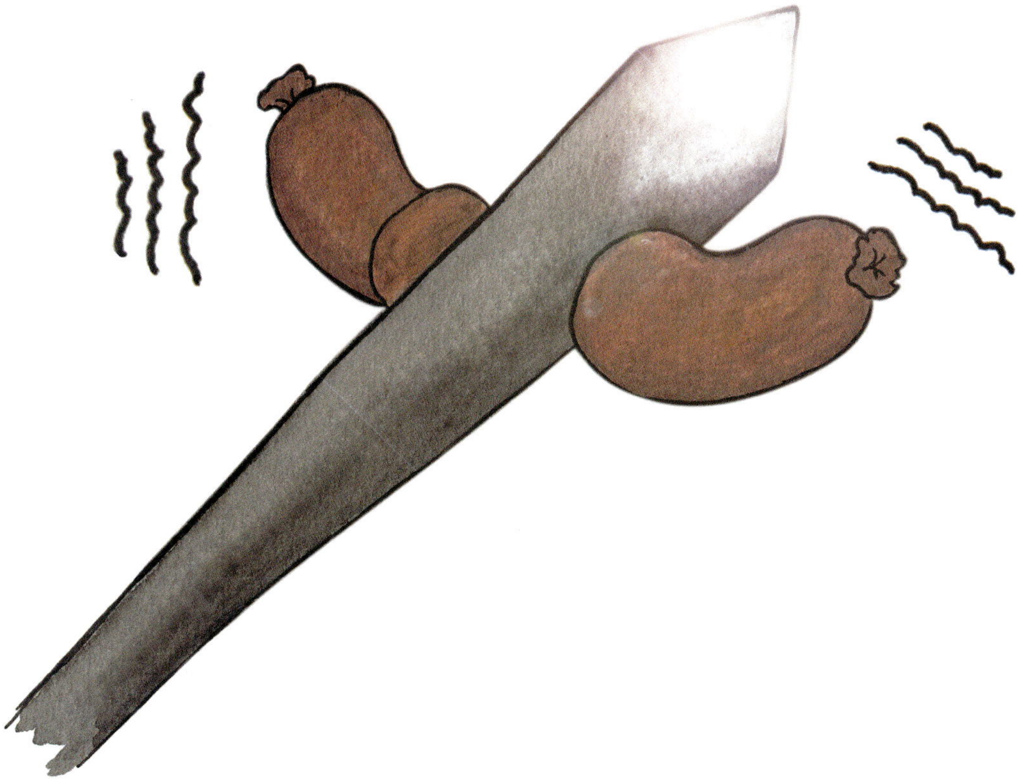

Ritter Rudi trifft.
Er trifft die Wurst genau.
Er teilt sie in zwei Hälften!

Ein Stück isst Rudi, das andere frisst der Drache. Da kommen noch mehr:

ein großer brauner Drache,
ein sehr großer grüner und
ein ganz großer schwarzer!

Der Angsthase

Das Pferd zittert.

Auf einmal rennt Bingo los!

Bingo hat Angst, Angst vor

den Drachen!

Was ist los, Bingo? Rudi will Bingo bremsen. Halt, Bingo, halt! Das Pferd will zur Burg.

Der kleine Drache folgt Bingo. Er will mehr von der Wurst. Die großen Drachen bleiben lieber im Wald.

Bingo kommt zum Graben.
Der Drache ist hinter ihm her.
Bingo rennt über die Brücke.
Der Drache hinter ihm her.

Bingo saust durch das Tor.
Der Drache hinter ihm her.
Bingo ist im Hof.
Der Drache auch.

Aber wo ist Rudi?

Rudi kommt zu Fuß.

Er reibt sich den Rücken.

Bingo, du Angsthase!

Trudi mag den Drachen.
Rudi mag ihn auch.
Sie nennen ihn Bongo.
Bongo bleibt auf der Burg.

Bingo und Bongo werden Freunde.
Sie rennen oft um die Wette, rund um die Burg, Runde um Runde.

Wer ist wer?

Verbinde richtig!

Rudi

ist ein rosa Drache.

Bingo

Bongo

ist ein weißes Pferd.

heißt Gertrud und ist Rudis Frau.

Trudi

heißt Rudolf und er ist ein Ritter.

Was ein Ritter alles braucht!

Ringle ein, was ein Ritter alles braucht!

Hexenhut

Ritterburg

Kamel

Besen

Helm

Schwert

Pferd

Kleid

Ritterrüstung

Schau genau!

Auf dem unteren Bild haben sich 7 Fehler eingeschlichen. Kannst du sie finden?

Rätsel

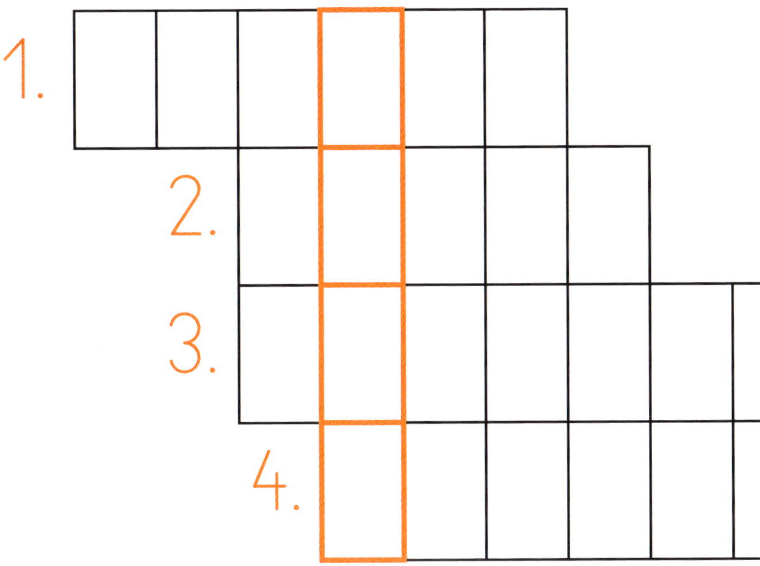

1. Was ist unter der Zugbrücke?
2. Was essen Rudi und der rosa Drache?
3. Wohin reiten Rudi und Bingo?
4. Wie heißt Rudis Frau mit ganzem Namen?

Lösung: ____________________

Gratis auf unserer Website:
Begleitmaterial zum Download für jeden Lesezug-Band!

Übungen zum Textverständnis, Wortschatzübungen, Schreibanlässe, Wörterbucharbeit und vieles mehr – genau angepasst an die jeweilige Schulstufe!

1. Klasse

LESEZUG

Begleitmaterial
für den Unterricht

erstellt von
Mag. Eva Siwy

Fehlende Wörter

Setze die fehlenden Wörter richtig ein!

besuchen - Freude - Überraschung - freuen

Nina und Jan ________ sich.

Sie haben eine ________.

Die ganze Klasse darf Omas Bauernhof ________.

Da hüpfen alle vor ________.

Doppelbuchstaben

Hier sind die Doppelbuchstaben verloren gegangen.
Du kannst sie bestimmt einsetzen!

ss - mm - tt - pp - tt - ll

Fu__er

Bu__er

ko__en

to__

Kla__e

kla__en

Beispielseiten aus dem Band „Nina ist neu in der Schule" von Ulrike Motschiunig

Alle Lesezug-Bücher sowie Begleitmaterial finden Sie unter

www.lesezug.at

ISBN 978-3-7074-2468-3
1. Klasse, ab 5/6 Jahre

ISBN 978-3-7074-2425-6
1. Klasse, ab 5/6 Jahre

ISBN 978-3-7074-2103-3
1. Klasse, ab 5/6 Jahre

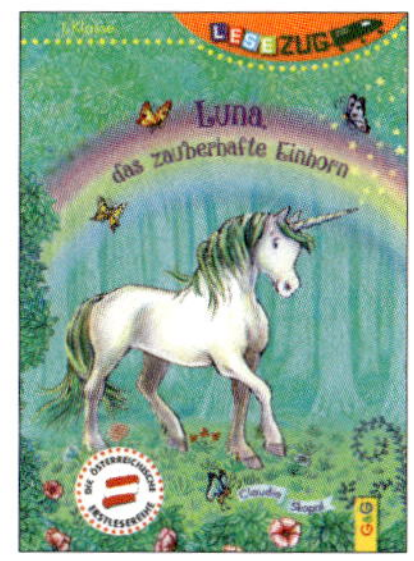

ISBN 978-3-7074-2198-9
1. Klasse, ab 5/6 Jahre

ISBN 978-3-7074-2239-9
1. Klasse, ab 5/6 Jahre

ISBN 978-3-7074-2065-4
1. Klasse, ab 5/6 Jahre

ISBN 978-3-7074-2267-2
1. Klasse, ab 5/6 Jahre

ISBN 978-3-7074-2033-3
1. Klasse, ab 5/6 Jahre

ISBN 978-3-7074-1999-3
1. Klasse, ab 5/6 Jahre

ISBN 978-3-7074-2126-2
1. Klasse, ab 5/6 Jahre

ISBN 978-3-7074-1969-6
1. Klasse, ab 5/6 Jahre

ISBN 978-3-7074-2353-2
1. Klasse, ab 5/6 Jahre

ISBN 978-3-7074-2001-2
1. Klasse, ab 5/6 Jahre

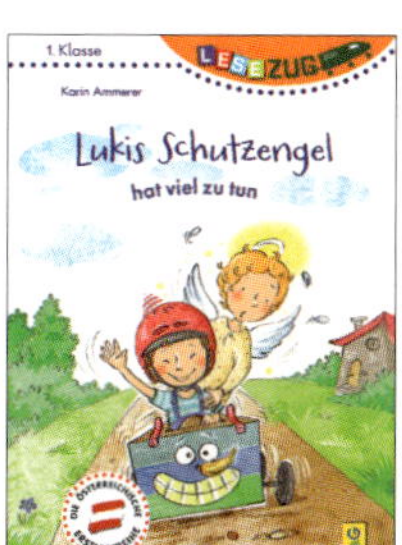

ISBN 978-3-7074-2166-8
1. Klasse, ab 5/6 Jahre

ISBN 978-3-7074-2345-7
1. Klasse, ab 5/6 Jahre

ISBN 978-3-7074-2125-5
1. Klasse, ab 5/6 Jahre

A
C
B
D
H
I
J
Q
P
K
R
V
W